사진촬영_ 정지혜

겨울, 은행나무의 발묵법

애지시선 093

겨울, 은행나무의 발묵법

2020년 11월 25일 초판 1쇄 발행

지은이 우동식
펴낸이 윤영진
기획편집 함순례
홍보 한천규
펴낸곳 도서출판 애지
등록 제 2005-000005호
주소 34570 대전광역시 동구 대전천북로 12
전화 042 637 9942
팩스 042 635 9941
전자우편 ejiweb@hanmail.net

ISBN 978-89-92219-94-5 03810

* 이 책은 2020년 전라남도, 전라남도문화재단 지역문화특성화 지원 사업을 지원 받았습니다. 전라남도 전라남도 문화재단

애지시선093

겨울, 은행나무의 발묵법

우동식 시집

시인의 말

삼시 세끼의 밥이 시이다
먹고 사는 일
시시때때로 삶이 시 짓는 일이다

좋은 시절 시시한 시절
시공을 초월한
시기적절 시로 밥 짓는 일이다

시끌벅적한 시그널이
시경이요
시의 행간이다

시나브로
뜸 들여지는 시간이다

2020년 가을
우동식

■ 차례

제2부 물(水)론

제3부 달빛 스캔들

제4부 팽나무 큰어른

제1부
작약꽃 경전

작약꽃 경전

분명,
불꽃이다

겹쳐진 꽃잎들이 책갈피를 펼칠 때
노란 꽃밥들 문장으로 타고 있다

꿀벌 한 마리
그 불꽃 주위 몇 바퀴 탑돌이하고
잉걸불 속에 내려앉아 공손이 머리를 조아린다
가장 은밀한 곳에 꿀이 있기에
곁눈질의 더듬이로
정밀 용접 하듯, 점자를 짚어가듯 깊은 행간을 탐독한다
온몸 불씨를 뒤집어쓰고
한 문장 넘기고는
땀 훔칠 새도 없이
또 다른 장문長文 속으로 뛰어든다
〉

용접봉 하나 들고
겁화의 불씨로 스스로 생을 태우며
전국을 누비시며 가난을 땜질하시던 아버지
두 눈에 섰던 핏발처럼,

한 끼의 거룩한 밥을 탁발하기 위하여
작약꽃 경전 읽으며
무릎 꿇고 연신 절하는
일벌 한 마리

삶의 뒤편은 언제나 저렇듯 뜨겁다

눈에 깃든 사랑

화들짝 화들짝
눈 깜박할 사이 불을 켠다
눈 멀 정도로 눈부신
저 벚꽃들
꽃눈 속에 불씨 숨겨 놓고
눈 비늘 깜박이며
곁눈질 하면서, 눈물겹도록
꽃 필 때 기다렸을까

꽃등 花아한
눈빛 사이사이
수묵 농담濃淡처럼 고목이 된 아버지
가지 많은 나무의 바람을 다독이던 어머니

눈에서
눈으로 이어지는 사랑
꽃눈,

잎눈,

씨눈,

뿌리의 눈까지
손길 발길 닿는 곳마다
꽃 피우시던 사랑
지금도 눈길 속에서 피고 있다

하늘말라리아

너는, 마래산 4부 능선
바다를 비추는 꽃별로 내려앉은 거야
파도를 슬쩍 끌어당겨
지구의 무게 중심을 가슴 쪽으로 옮기는 거야
생각의 깊이, 마음의 넓이가
하나씩 하나씩 옮겨가는 거야
지구의 심장에 꽃물이 드는 거지

그러다 어느 순간,
그 중심이 붉게 타는 거야
전신 화상花像을 입은 거지
꽃 한 송이 피었다 지는데
우주의 불이 켜졌다 꺼진 거지
그 이후 내 안에
별 하나로 박혀 샛별로 빛났지

선운사禪雲寺 그 여인

아찔, 눈을 비빈다 농무濃霧다
적막이 산사를 덮는다
한 점 나의 위치조차 추적 불가하다
어디쯤 흐르고 있을까

실바람 불고 순간,
눈앞이 열린다
돌담에 새기듯 한 꺼풀씩
실루엣이 선명해 진다

허리를 굽히다가 무릎 꿇는다 도솔천에서 올라와 막 깨어난 미륵같이 지족선사 십년 면벽을 깨뜨린 명월처럼 젖은 몸 살포시 고개 숙인 수선화 한 포기

그날 이후 내 가슴에 핀 꽃

자전거 타는 풍경

파란 하늘 속으로
평행선 그리며 출발하는 두 대의 자전거
가을 햇살이 바퀴살에 감긴다
체인과 톱니바퀴가 맞물려 돌아갈 때
세상이 당겨졌다 멀어진다

얼마쯤 가다보면
저만치 앞서 있거나
아랑곳없이 저만치 뒤쳐져 있거나
서로 간극이 생긴다
철퍼덕 철퍼덕 체인의 헛바퀴만 돌리듯
삶은 늘 엇박자로 삐거덕거린다
속도를 내거나 늦춰 간격을 메꾸어 보지만
금세 따로 국밥이다
한 곡조로 부르는 불협화음이다

곁이 된다는 것은 호흡을 조절하는 일

서로 가만히 스며들어
동행의 순간을 늘리는 일이다
체인과 톱니바퀴로 맞물려 돌아가야 하니까

바람에 부푼 자전거가
막, 구름 속으로 들어가고 있다

바람, 햇살 다스리는 법

수채水蠆,
숱한 허물 벗다 막 우화羽化한 고추잠자리
자전거 주위를 맴돈다

늘상 태우고만 다니던 아이를 자전거 안장 위에 앉힌다
핸들 잡은 아이 흔들리는 마음을 꼭 붙들고 서서히 밀어본다
삐딱한 중심이 한쪽으로 쏠리는데 핸들을 반대쪽으로 꺾어 여지없이 넘어지고 만다

가만히 서 있으면 넘어지니 페달을 밟으라고
핸들은 언제나 넘어지는 방향으로 틀라 말하고 있지만
나 역시 페달 밟는 것을 얼마나 주저 했던가
기우는 중심을 감지하면서도 그 방향을 왜 그리 회피했던가

넘어지고 일어서기를 한나절

정면으로 내리쬐는 햇살 구르며
잠자리 한 마리 바람을 거슬러 날개 짓이다
슬며시 손을 놓는다
해바라기 한 그루 해를 따라 돌고 있다

바라보다

밤새 떨어진 은행잎은 바람을 앞세워
봉산동 뒷골목의 아침을 깨우고
아이는 그 길 따라 갑니다
긴 머리 노랑 가방 위로 나풀거리며
교차로 지날 때 한번
막다른 길에서 또 한번 뒤돌아보고
시야에서 사라질 때까지
여인은 미동도 없이 손 흔들며 섰습니다

오랫동안 너를 지켜보는 것
함부로 너에게 눈 뗄 수 없는 것
네가 모퉁이 돌아 사라질 때까지 바라보는 것
그리고 다시 너를 기다리는 것
어머니가 그랬고
어머니의 어머니가 그랬습니다

이제 한글 배우는 86세의 시골 어머니

연습장엔,

온통 삐뚤삐뚤 또박또박 새긴 골목길입니다
흐릿한 눈에도 뚜렷하게 보이는
아들 며느리 손주 이름과 전호번호,
골목길 서성이는 발자국 소리입니다

백목련

저 여인네는
왜 소복素服을 반쯤 벗고
속치마 휘날리고 난리야

근데
저 햇살은 왜 자꾸
몸을 더듬고 열을 올리고 지랄이야

저 바람은
왜 또 하얀 저고리
치켜들어 올리고 자빠졌나

발칙한,
바람 난 봄이
미쳤나

나는 왜 또

몸이 근질근질 지랄염병이야

거룩해서 슬픈
천형天刑이야!

햇살미용실

햇살이 골목까지 다 밀고 들어와도
느릿느릿한 싸인 볼 만큼 뜸해진 손님
30년 동안 지켜 온 외길 스타일이 구겨진다

축축히 젖은 일상 드라이하고
오징어 다리 같은 삶 스트레이트 해보지만
한 시대를 다듬어 내던 가위손도
스타 헤어아트의 빛바랜 상호가 된 지 오래

남편의 사업은 펑크 난 타이어처럼
제 몸 하나 지탱하지 못하고
덜커덩거리다 피 말린 여행길 끝마쳤다

갈매기 떠난 항구 돛대 꺾인 범선처럼
작은 물결에도 흔들, 흔들대는 중년 여인
그녀의 등짝에 어떤 슬픔이 출렁인다
〉

젖은 사람은 비가 와도
더 이상 젖지 않을거라고
오늘 그녀, 리모델링한 미용실에서
헝클어진 삶을 잘라낸다

종일, 햇살손님이 셔터 문 열어
젖은 마음 미간의 금줄에 말리는 중이다

금오도 어머니 밥상

일생, 젖은 언어를 만지작거리는
어머니 몸에는 바다가 흐른다
출렁거리는 파도에 길들여진 시간

등에 관을 짊어지고
저승과 이승 오가며 망사리 가득
바다의 비문秘文을 담는다

몇 번의 숨비소리
바람을 먹고 바람을 뱉으며
수천 번 허리 굽히고 머리 숙여
바다의 선물을 거둬들인다

테왁을 끌어안으며
몸짓 발짓 주파수 주고받는 그녀의 물질,
전복 소라 해삼 성게
바다의 문장이 요약된다

〉

겨울바다 체취와 향기 버무린
금오도 해녀 밥상
파란만장한 바다 꽃이며
바다교실 푸른 구어체다

파랑 일렁이는 혀로 읽으며 바다를 번역한다
해독 되지 않은 암호 같은 문법을 위해
바다 서고書庫의 바닥을 헤집는다

'한 끼의 밥상'으로 구술되는
해녀의 명문 걸작傑作

끌림의 미味학
— 게장백반

마음의 스위치 꺼지고 사는 맛 잃을 때 가끔,
여수 봉산동 게장거리로 간다
간장 졸이는 진한 냄새 게걸음으로 기어 나온다

게딱지에 밥 비벼 게눈 감추듯,
갓 지은 쌀밥에 게간장 넣고 파래김 싸먹는,
양념 잘된 게 발을 한 입 가득 씹는,
입맛 확 당기는 밥도둑 그 개미 진 맛,

게장 백반 한 그릇 후다닥 비우고 골목길 나서면
충전된 자동차처럼 마음의 스위치 켜진다

나도 이제, 마음을 간장에 졸여 짠맛이 들어야지
곤란하면 게걸음으로 슬슬 비켜서야지
눈알 굴리며 흘깃흘깃 눈치도 살필 거야
때론, 품은 새끼들 위해
집게 발가락을 곧추 세우거나

노려보는 눈초리쯤은 단단한 등짝으로 무시해버리며
필사적으로 세상 중심에 뛰어드는 거야

졸여질수록 게장은 맛이 스며드는데
살수록 자꾸 졸아드는 내 삶

금풍쉥이 구이

오목하고 둥그런 큰 눈망울
금방 눈물샘을 자극해

도톰하고 선 굵은 입술 맞닿는 순간
블랙홀로 쏘옥 빠져 들고 말지

작고 아담한 몸매
우아하게 살랑거리는 몸짓

모던하고 심플한
세련된 줄무늬 의상

가무와 유희에 능한 너는
과연, 기생을 닮았구나

꼬리 한번 치면
바다가 출렁, 비틀댔겠다

〉

쫀득하고 아늑한 그 하얀 속살 만나면
그만, 절정으로 치솟아

음~~ 음~~~
금풍쉥이 구이 먹는 맛의 오르가즘

도다리 쑥국

봄이 왔다고
쑥국새가 쑥국 쑥국 쑤우국
쑥국타령이다

쑥국새가
쑥국 쑥국 쑤우국 노래 부르면
리듬에 맞춰 쑥이 쑤욱쑥 자란다

쑥이 쑤욱쑥 자라면
도다리도 쑥 향 맡고 싶어
슬슬 모래에 몸 풀고 살이 돋기 시작한다

이쯤이면 목련식당은
하얗게 핀 목련꽃잎 같은 도다리회와
쑥국 냄새로 문전성시다

도다리 하얀 살결에

쑥을 듬뿍 넣어 무늬를 새기면
쑥향과 함께 뿌옇게 진한 국물이 우러난다

뜨거운 국물 먹는 사람들이
후련해진 속사정을 풀어 놓는 소리
어이쿠 시원타 어이쿠 시원타

도다리 쑥국 먹으면
하얀 살결이 쑥쑥 돋아 날것만 같다

쑥국새가 울면 도다리가 바다를 거슬러 하늘로 날아오
른다

해지니네 국숫집 2

바람과 바람 사이 걸려 넘어져
땅끝 바다에 서게 되었지

바다는 큰 입 벌리고
몇 번인가 삼키려고 밀어 닥쳤지
땅끝에 서 보면 절망의 바다로 보이지만
땅 끝의 뒤편에서 또 다른 땅의 길을 보게 되지
돌아선다는 것은 온 길 되짚는 길이고
종점이 곧 시점임을 알게 되지

막다른 골목길에 다시 세운,
복덩이 막내딸 해지니 이름처럼
해가 지지 않는 그 국숫집

삶이 屎시(똥), 豕시(돼지), 鼭시(쥐새끼)하다고
시팔 씨팔 하지 말고 해지니네 국숫집에 가면
면발 뽑히듯 국수타래 풀리듯 술술 풀리라고

끝내주게 살맛나는 육수가 바글바글 끓지

부드러운 면발과 진한 국물이
꿀꺽,
생의 한 고비가 또 지나가지

아내의 도시락

도시락에도 표정이 있다

어마어마한 공력 잘게 썰어 넣은 시간
지지고 볶은 언어들이 말문을 걸어온다

심심하고 지나치게 짤 때도 있어
간을 보면서 양념 치고 맛깔을 내듯
잘 버물려진 그리움의 간격들

조리된 언어의 온도를 씹다보면
속삭이던 밤의 스토리 서려 있고
탯줄같은 끄나풀이 연결된다

지리산 산나물이 오글거리거나
구례 들녘 채소가 푸석거리거나
여수바다 해산물이 출렁이기도 하는데

학교 다닐 때 아이처럼
도시락 들고 출근하는 날에는
든든한 백 하나를 지닌 것 같고
밥값은 해야겠다는 선한 의무감이 앞서기도 한다

시골 엄마가 그랬던 것처럼
따뜻한 도시락을 싸는 아내

어떤 고해성사보다 더 향기로운
맛의 중독
우주의 기운이 꽉 차있다

제2부
물(水)론

네모난 꿈

각이 생겼다
부러진 마디, 생채기마다 가시 돋쳐
한 걸음도 내딛지 못하고
네모난 박스 카 안에 마네킹으로 앉는다

신용장이 널브러지고
최고 통지서와 납세고지서들이 쌓인다
된바람 한번 불었을 뿐인데
그녀, 전당 잡힌 세월이 아프다

탄성을 잃은
각이 부딪혀 각을 만든다

네모난 프라이팬에 네모난 계란후라이
네모난 치즈 네모난 햄 네모난 토스트를 굽고
밑불 하나 움켜 안고 몇 겹 어둠의 깊이를 불사른다
〉

갓 구운 냄새가 몸에 배어가듯
빚보증서 끝자리엔 인감자국 아직 선명하지만
그녀는 슬라이스 같은 희망의 두께를
한 장 두 장 포개고 있다

기울면 다시 차오르는 달처럼
달을 좇아 새벽 길 달려온 이삿짐 트럭기사
17번 국도 해맞이 포차에서
그녀의 뾜난 각을 여명처럼 잘라 먹는다
각이 각을 먹는 둥글둥글한 아침이다

네모난 집에 이삿짐을 푼 나도
네모난 서재 네모난 책상 앞에서
네모난 자판을 두들기고 네모난 책장을 넘긴다

높은음자리 담벼락

아침 햇살은 반나절 걸려 넘어가고
끝에 걸쳐 주저앉던 구름은 아직도 멍들었는데
부딪친 바람은 한동안 길 잃어 모퉁이를 헤맨다

세일즈맨 사내, 대문 앞 초인종 누르면
불독이 먼저 볼 성 사납게 짖어대고
개의 눈보다 큰 무인카메라 렌즈가 동공을 확대한다
문 대신 열리는 모니터
허공을 치는 싸늘한 인터폰 소리에 툭 차여 튕겨난다

천둥이 치면 벼락이 떨어질 것만 같은 그 높은 벽
담쟁이 넝쿨은 기어이 넘어보고 싶은가
뜰 안 후박나무 넉넉한 품새는
그 견고한 선 넘어 자꾸 손을 뻗는데
대문 틈새로 금목서 향 흩뿌려 놓는다

골목길에

성처럼 둘러친
한 옥타브 높은 담벼락 현기증이 난다

착한 구두 수선센터

정직한 삶에는 흔적이 있다

손등의 상처가 구두의 자국이다
손톱의 때가 구두약의 절임이다
이마의 주름살이 가죽의 결이다

— 세상을 수선하고 광도 내야지요

앉은뱅이로 한 평 공간에 둥지 털고
화석이 되어가는 아저씨의
구두를 읽는 눈

구두를 보면 그 사람의 발씨가 보인다
거친 호흡에는 더 깊은 골이 패인다
비틀거리며 뒷골목 돌아 나올 때는
닳아진 뒷 굽만큼 자존심 밝히기도 했겠지
〉

— 젖은 구두는 더 윤기 나게 잘 닦이지요

때 묻은 세상 닦아 내는 게 그리 쉽겠는가
덧댄 밑창에 구멍이 나고
안창가죽에 발가락이 기어 나와도
수선대를 거친 구두는
광기나는 꽃으로 피어
다시 세상의 중심을 향해 걸어가는 것이다

틈새를 엿보다

중요한 일을 앞두고 틈틈이
이발하는 습관이 있다

그 순간,
삐죽삐죽한 생각들이 싹둑싹둑 잘려진다
거칠거칠한 삶의 파편들 부드럽게 면도 된다
거울에 비친 나를 마주하며
처음과 나중 일 사이 틈새를 엿보는 것이다

내 일이 아닌 것처럼 지그시 눈을 감고
멀찌감치 바라보면
멀리 보이는 것들이 더 가까이 보일 때가 있다

영상 속 한 장면을 끄집어내 훔쳐보면서
화상畵像이 용의 미간에 점 하나 찍을 때가 있다

틈새로 틈새를 메꾸기 위해 이발소로 간다

더 멀리 보는 셈법

분명, 사람이었네
헌칠한 사람이었네
멀리서 보니 사람인지 분간이 안 되네
더 멀리서 보니 아물거리는 한 점이네
더 멀리 보니 눈을 감아야 보이네
더 멀리서 보니 그냥 하늘이네
더 멀리서 보니 하늘도 땅도 아니고 나의 잔상이네
더 멀리서 보니 그 잔상이 가슴으로 내려오네
더 멀리서 보니 내 발걸음으로 옮겨지네
더 멀리서 보니 그 사람이 나네
더 멀리서 보니 나도 사라지고 있네
더 멀리서 보니 아무것도 보이지 않네
그게 모든 것이네

나를 떠날수록 내가 보이네
너를 보낼수록 네가 보이네
보는것이 보이는게 아니네

농월정弄月亭 공연장

심산유곡에 관객으로 앉았는데
물이 철철이 세상을 읽어 주며 수작酬酌이야

꽃잎을 여는 자물쇠도 보았어
사계의 교향악이 연주되거나
너럭바위에선 새들이 너울너울 춤추기도 하고
농익은 바람의 울음이 절정으로 협곡을 채우기도 했지

청자 비색 같은 참 요상스럽고 신비한 물골
그 은밀한 곳을 노니는 물오리 아랫도리가
불쑥 불쑥 솟아 괜히 물속으로 고개를 처박기도 하지
그러거나 말거나 거연정居然亭의 벽계수는
저 홀로 흘렀을 것이다

밤꽃 향에 취한 휘영청 달빛이 숨막힐 지경이다
농월정에 걸쳐 앉아 막걸리 한 사발 독작獨酌하는데
구차히 굴지 말라는 듯

달님이 척 내려 앉아 꽉 찬 달을 마셨지

마음에 달 하나 품었으니
어두운 길도 참 밝을 것이다

물(水)론

뒷물이 앞에 물을 읽고 쓰며
물이 물을 지탱하며 흐른다

살점이 찢기고 뼈가 으스러져도
서로를 치료하며 서로에게 스며든다

흙탕물이 섞일지라도 조용히 맑아지며
숱한 지류支流 품는 거대한 물의 공화국이다

물렁물렁하다고
물에 물탄듯 물러터졌다고 함부로 말하지 마라

물이 어깨동무하면 그 단단함 이길 것이 없다
기어이 가야 할 길이면 아무도 막아설 수 없다

물론(水論),
인내의 임계점에 이르기까지는

밟히고 채이고 깨지면서 견디는 것이다

흘러가는것을 흘러가게 두어라
흐르는 것들은 어디에서든 모인다
물의 체질이 모이고 있다
물의 근육질이 서로를 껴안고 있다
곧 쓸어버릴 세상을 향해 돌진할 것이다

중심 잡고 걷기

아무것도 하지 않는 것이
때로는 가장 좋은 일

좌로 갔다 우로 갔다
다시 제자리로 돌아와
팽팽한 긴장 유지하는 수평 추처럼
흔들리지 않는 중심은 없다

물소리 바람소리 새소리
세상만사 시끄러워도
일단 멈춰, 가만히 마음의 소리를 듣는다

거부할 수 없는 그 세밀한 소리의 사신은
내 안의 리듬을 만들며 발걸음을 조정한다

주변 경계를 넘어 새로운 공간으로
중심은 또 다른 중심으로 이어지고

〉

사람 냄새 나는 세상

한평생, 사람에 기대어 사는

세상의 중심으로 중심을 잡는다

우주의 빚진 자

계약서도 없이 붙박이로 문패를 내건
우리는 지구의 불청객이고 빚진 자일 뿐

더 가졌다면 가진 만큼, 더 누렸다면 누린 만큼
더 배웠다면 배운 만큼
더 빚이 늘어나는 인생일 뿐

나의 나 된 것들은 모두
거기로부터 와서 빌려서 쓰는 비렁뱅이

세 들어 사는 동안 독촉은 없지만
자꾸만 멀어져 가는 세상, 날마다 사라져 가는 세상
가섭에게 보여준 부처의 맨발로
모든 게 지나가겠지만,

묘비명에 채무가 고지되기도 전에
모든 것은, 다, 원래 주인에게, 귀속되지

다산초당 가는 길

두충나무 숲길
나무 속에 떡잎처럼 앉아 있는 초막 한 채

나무의 집은 문이 없고
나무의 집은 벽이 없고
나무와 나무 사이 우주隅柱 하나 뿐,
나무들이 문이 되고
나무들이 벽이 되고
나무들이 길이 되고

바람의 손이 열어주는 문으로
다산 만나러 가는 길
숲은 숲의 시간 속으로 가고

나는 문을 닫고
나는 벽을 치고
나는 길조차 잃고

직립의 이유

대부분이 그렇다
삶이 또한 그렇다

이미 얻었거나 이미 잃었거나
이미 이루었거나 이미 지났거나
이미 한 일이다

그러나,

아직은 얻어야 하고 아직은 잃어야 하고
아직은 이루어야 하고 아직은 가야 하고
아직은 해야 할 일이다

이미와 아직 사이
꿈꾸고 꿈 깨는 사이
환상과 실제 사이를 걷고 있는
나는,

그래서
늘, 불안하고
늘, 기대되고
늘, 새롭다

하늘을 날고
달려갈 길 자주 꿈꾸는 일상

편안한 수평의 인간이 되기 전에
머리는 하늘에 발은 땅에 두고
직립하는 이유다

착시현상

17번 국도 따라 흘러내리던 여수 초행길
공항표지를 지나는 순간 다가온 먼발치의 불빛

"아빠 저게 뭐예요?"

백옥으로 쌓은 큰 성곽 같기도 하고
유리와 남보석, 옥수, 홍마노, 황옥, 비취, 정금
온갖 보석들이 다 모인 하늘 같아

"응 저게 바로 천국이지"

다음 날 아침 공단으로 차를 모는데
로봇 원숭이들이 다닐 것 같은 철탑 구조물
가스 먹고 사는 괴물이 굴뚝에서 나올 듯하다
크고 작은 배관들 틈에 레이다망을 구축한 전자칩 거미들이
주파수를 발사해 생명체를 죄다 포획하는 듯하다

거대한 기계더미 쇳덩이만 천근만근이다

“아빠 천국이 왜 이래요?”
“응 현실은 늘 그래”

멀리서 보면 화려한 빛이지만
가까이서 보면 그 빛만큼의 그림자가
여천공단을 지탱한다

메스껍고 현기증 나는 냄새를 뒤로 하고
오천동 돌아오는 길 낮달이 수평선을 쫓는다

직관의 사용법

잘난 척 못난 척
그런 척 안 그런 척
아는 척 모르는 척
속는 척 속이는 척
하는 척 안 하는 척
거짓인 척 진실인 척
이리저리 뒤척거려보지만
'척' '척' 잘 돌아가는 '척'이라는 말
자로 재지 않아도 척 하면 삼척

여럿이 보는 눈대중은
시원始原적 통찰의 씨앗이지
추상은 본질을 포함하니까

머리를 쓰지 않아도
촉을 세우면
그냥 느껴지니까

영법泳法

머리를 빳빳하게 치켜든 채
슬쩍만 건드려도 툭 부러질 오래된 북어 꼴이라니
포크레인으로 강바닥 마구 파헤치듯
물이 동강 날 정도로 힘만 잔뜩 실은 헛발질은
제 힘에 부쳐 냅다 가라앉기 일쑤지
버터플라이로 저 레일을 건너기 위해서는
나비의 날개 짓 이어야 해

힘으로 물의 흐름을 제압할 수 있다는
초보자의 헤엄치는 법
등허리 관통하는 욕망의 동력을 조련해야지
세상 속으로 헤엄쳐 가는 것은
부력과 저항을 버무려 바람에 풍차 돌리 듯
그냥, 물결 따라 미끄러지듯 호흡하며
물의 날개를 달고 물 찬 제비로 날아올라야지
고요의 뒤편에는 고요가 출렁거리니까

통섭의 식탁

뚝배기에 묵은 김치
콩나물 얹고 돼지고기 잘라 넣는다
쌀뜨물 적당히 붓고 고추장 된장 푼다
양파 썰고 마늘 다지고
고춧가루 칼칼하게 넣는다
센 불에 국물이 끓기 시작하면
반듯하게 잘려진 두부와 으깨어진 두부를 넣는다
잘려진 두부에는 국물이 스며들고
으깨어진 두부는 김치랑 고기랑 양념,
국물 맛에 스며들어 진하고 깊은 맛을 낸다
사람도 한 뚝배기에서 끓는 찌개이다
맛깔 난 삶의 식탁을 위하여
고유의 맛을 받아들여
서로의 열기로 함께 끓어
부드러워지고 깊어지는 것이다
문지방의 경계를 허물어
그 경계를 넘나드는 것이다

제3부
달빛 스캔들

바다슈퍼

바다 문이 열리면 슈퍼의 문도 열리는
벌가선착장은 구름이 먼저 닻줄을 푼다

바다 허리춤에 사는 오두막집 한 채
햇살에 처마가 눈썹을 치켜뜨면
구름의 깃털 헤아리며
바람의 아들들 순식간 모였다 흩어진다

컵라면 김밥 커피 소주 막걸리
그리고 낚시채비 몇 가지
딱 있을 것만 있는 바닷가 슈퍼

그녀의 야무진 손끝에 바다가 무쳐지고
비릿한 갯벌이 끓으면 식당이 되는
섬사람, 어부들의 사랑방 같은 그곳
바다이야기 보시하며
오가는 이들의 호명보살이 된다

〉

나침반 같이 박혀 있는 바다슈퍼 자침이
쾌청한 바다를 가르킨다
슈퍼가 열리면
바다를 통째로 먹은 사람들
바닥을 딛고 더 깊은 바다로 출항한다

달빛 스캔들

구름의 유혹 달통하게 뚫고
달뜬 발걸음으로 달려온 슈퍼문

달의 눈빛이 얼마나 호수에 달라붙었을까
달의 속살을 화석처럼 새겨놓은

홍조紅潮 빛으로 출렁이는 호수의 심장
몽롱해진 달빛 오르가즘

그믐에서 보름까지 달이 차오르며
스스로 깊어지는 섬을 월호도月湖島라 해

그 섬 달동네 담장 밑 달맞이꽃이 필 때쯤
마을 사람들은 달집 짓고 달을 등기 이전해 오려는데

달(月)과 호수(湖)는 놓아두고도 잘 살고 있다고
달빛 물빛 숨 가쁘게 풀었어

〉

스캔들로 이루어지는 우주

영월정迎月亭 포구 앞에서 달 빚는 나는,
달빛이 나르시어 월인천강지곡月印千江之曲을 목도했어

섬의 내력

포구는 뱃길 닿는 자궁
어선들의 우묵한 눈동자다

마당이 대문인 집을 나서면
유선乳腺처럼 모여드는 바람의 우물

햇살 널어 말리는 크고 작은 발뙈기들
한쪽 곁에 방치된 낡고 오래된 어구들
둥글게 몸말아 그물 깁는 등허리
모두 심이 섬을 낳는 풍경들이다

물이 빠지면 앞서거니 뒤서거니
물의 신발을 신고 물의 띠를 두르고
갯것 하는 사람들

물이 빠진 만큼 다가서고
물이 차면 한 발 물러서는

바람이 만드는 파도의 발자국들이다

사방이 안이고 사방이 밖인 섬의 울타리
모든 길의 시작이고 끝이다

돌고 돌아 결국 한 뿌리 한 줄기로 엮인
바다가 낳고 바람이 키운
물기 파닥이는 한 문장의 가족사다

게놈프로젝트

개도 섬기 행 후 때 늦은 개르가 되어 남산동 특화시장 대개집이다 개딱지 밑에 움츠리고 개슴츠레하게 눈 뜬 개들이 개릴라들 같다 개이지가 6킬로그램을 개량하고 익은 개 안 익은 개 뒤적거리다 푹 찐 개를 쟁반에 담근다 개스트하우스에서 우리들은 개눈 감추듯 개걸스럽게 먹는다 초대받지 못한 회원들이 개거품 내며 그러는개 아니라고 괘씸하다고 카톡에 개걸거리며 개정을 부린다 사는개 다 그렇고 그렁개 같은 유전자는 같은 유전자끼리라며 씨부렁씨부렁 개트림 한다

개껍질이 수북이 모아지고 개발세발 개접스러운 개놈지도가 그려진다 게같은 세상 뒤죽박죽 게뻑다귀 길이게가 개가 되고 개가 게가 되어 게수작 부리고 개상한 개놈 프로젝트라 누가 뭐래도 우린 게의치 않는다

개발먹고 게발바닥 내민다

게놈, 개놈?

둔병도屯兵島 홍매화

해풍 앞세워 겨울잠 건넜을까
먼 길 걸어왔을 저 많은 꽃등

파도에 바짝 엎드렸다가
기습적으로 점령한 향기와 빛깔

우주의 통섭으로만 열 수 있는
깨어난 꽃이 목젖을 세울 때

제 몸에 환하게 불붙는 섬
그 꽃의 문으로 들어서는 순간

내 안에 봄이 이글이글
꽃 몸살 앓는다

봄 타는 중이다
몸의 화원에 꽃등 켜진다

오동도 등대

시누대 펜촉들이 어둠 쪽으로 서걱이기 시작하면
그리운 쪽을 향하여 편지지를 꺼내드는 그 사내

파도에 부대끼고 풍랑에 허물져도
한사코 해식애海蝕崖를 지키며 서 있다

하늘과 바다의 경계가 허물어져
분간치 못할 세상의 시간이면
스스로 빛을 뿜어내는 그 사람

어둠 앞에서 어둠과 마주하고
어둠 속에서 어둠의 너머를 응시한다

교대 없는 불침번, 차가운 서치라이트로
사각지점 돌고 돌아 한 순간도 깨어있지 않고는
긴장을 내려놓을 수 없는 팽팽한 밤
이윽고 사선에서 허우적거리는 고깃배 한 척을 향하여

주파수 맞추며 깨알 같은 사연을 전파한다

나도 오래 어둠 속을 마주한 적 있다
기다림 너머 기다려 본 적 있다
기다려도 오지 않는 것이 있다는 것을 알면서도
외눈박이 불을 켠 적 있다

오동도 전설 같은 첫사랑을 향해
동백꽃등 불 밝히려고
겨울바다를 건너온 적 있다

나에게로 가는 길
— 금오도 비렁길

결국 닿는 곳이 길이다
사람이 길을 찾지만
길은 사람에게로 나 있다
한 번도 닿지 못한
너에게로 가는 길
거품같이 사라지는 바닷길도 있고
풍장風葬 속으로 사라지는 바람의 길도 있다
신선대 절벽 위
벼랑길 한발 내려서면
그대에게 닿을 것만 같은데
길이 끝났다고
돌아서는 길 끝에 다시 길이 보인다
외딴 섬에도 길은 있고
섬과 섬 사이에도 길이 있다
걷고 또 걷다보면
결국, 길 없는 그곳이 길이 된다
지구의 한 점 모퉁이에서

일생을 걸어 모든 길은

항상 너에게로 통通한다

섬, 꽃소식

해녀민텔이 있는 바닷가에는 게딱지만 한
우체국이 하나 있습니다
둘째 아들 배달부는 섬 구석구석을 레이더처럼 돌면서
내륙의 소식을 전하지만
삶이라는 게 꼭
바다 속 헤집고 다니는 꽃게 같습니다

꽃게잡이 배에서 태어난 아버지는
그물망에 걸린 꽃게처럼 뱃사람이 되어
밤을 내리고
새벽 해를 주섬주섬 담아 올렸는데
툭 불거져 흘깃흘깃 쏘아대는 눈
치켜든 두 발로 파닥거리던 꽃게들

그 파삭거리는 소리로 어머니는
벌겋게 꽃핀 꽃게탕을 만들어
하얀 속살만을 밥그릇에 소복이 담아주고

게 등딱지 안에 밥을 비벼주곤 했습니다
육지로 유학 와 있을 때도
아들딸 낳고 한 가정 이룬 지금도
꽃게 철이면 장정 손등만 한 꽃게들이
도착했습니다

싱싱한 꽃게 박스를 풀면
꽃게 등껍질 속 해조음 풀려 나옵니다
개펄 같은 세상
꽃게처럼 단단히 무장하고 속 채우며 살라는
소리도 꽃게 소식이 꽃소식으로 연주됩니다

섬이 전해주는 소식은 다 한통속입니다
해독할수록 눈물이 납니다

불영사佛影寺

저기,
서 계신 분이
부처님 아니신가
둘러선 금강적송들이
다 불자들 아닌가
설법 듣느라 야단법석이네
허물 벗어 적신으로 성불이네

저기,
연못 안에 계신 분도
부처님 아니신가
어리연들이 다 신도들 아닌가
그림자로도
저 많은 꽃을 피우시네
여기가 사부대중 불국佛國일세

저기,

서 있는 사람들도 다 부처 아닌가
부처의 그림자가 걷고 있네
그림자가 그림자를 만드네
사는 게 다 빛과 그림자일세

비사리구시

4천명의 밥을 담을 수 있는 밥통이다

알고 보면, 다 밥 짓고 밥 푸는 일
잘 먹고 잘 살자는 일 아닌가
세상만사 다반사가 제 밥그릇 챙기는 일
밥이 하늘이요 땅이다
밥심으로 살고 밥그릇이 곧 법전인데

송광사 비사리구시 앞에 서면
먹고 사는 일이 다 경구를 읽는 일이며
천지현황이 다 밥그릇으로 통한다
견성見性이라는 것도 결국은
영혼의 밥통을 채우는 일이다

대웅전 계단 앞에서 돌아서는데
비사리구시
그 큰 입을 열고 공양하고 가라신다

운문사雲門寺 바람의 길

그리움이라는 유빙의 바다 저편에 닿으려면
빽빽한 적송赤松 사이로 바람의 길을 지나야 한다
솔향 죄 씻김 의식을 치르는 바람의 한숨에는
생의 비린 냄새가 바람의 뼈 속까지 젖어있다

오직 숲으로 드는 시간
건달 같은 바람은 그늘의 무게와 채취를 풀어 놓는다
마모 된 적 없던 바람의 흔적
어디에도 길이 되어 머물 수 있는 바람의 눈

자비의 온도로 피는 모든 참선의 시간
열반涅槃이 거기 있어 그 자리로 간다
선정禪定에 든 처진 소나무 한 그루
하심下心 공양, 바람의 둥지이다

부석사 무량수전

평생
무량수전無量壽殿 한 채 짓는 일.

일주문一柱門 앞에 선다.

몇 개의 관문을 통과해야 천 년쯤 거뜬히 서 있을 수 있는 터를 만날 수 있을까? 사과꽃 향기 따라 은행나무 언덕을 오르면 천왕문天王門에 이른다. 해탈에 이르는 길은 좁은 문 들어가는 일이라는 당간지주幢竿支柱의 말씀 끝나기도 전 돌계단이 막아선다.

문이 하나 열리면 또 하나의 세상이 보인다. 한 과정 지나면 몇 개의 질문이 보태어지던 속세에서의 일처럼 답안을 마련하기도 전에 낯선 문 앞에 다시 이른다. 지고 온 짐 내려놓고서야 안양문安養門이 그 너머의 길을 허락해준다. 극락의 끝에는 누각 한 채 있을 뿐이다.

소백산 능선 파도 굽어보며 뜬 돌, 배흘림기둥으로 천 년을 지키고 있다.

〉

일생을 걸어 집 한 칸 지으려 했던 나도 한 천 년쯤 저렇듯 깊고 간절해져 무량수 아득한 곳에 배흘림기둥 하나 세울 수 있을까?

석류나무 사원

돌산도 끝닿는 곳으로 눈길을 풀어놓으면
은적암을 가리키는 이정표 보인다

밖에서는 안이 보이지 않지만
안에서는 밖이 다 보이는 뜰 안 석류나무 한 그루

입술 부르튼 목탁이 주렁주렁
그 해탈한 웃음소리에
바람이 쫑긋 귀를 세운다

하안거 중인 고승의 염불 소리 알알로 맺혀
톡 톡 톡 두들기면
새콤달콤한 경전의 말씀이 쏟아져 내릴 것 같다

극락전 앞에서 동박새들이 예불을 한다
다람쥐 한 마리 나뭇가지 위에서 경배의 자세로 멈추면
풀들도 잠시 그 쪽을 향하여 몸을 누인다

염화미소

노승의 염불소리
들끓는 한 세상 잠 재울만했다
빽빽이 둘러친 적송불자들도 연신
합장 하고 무릎을 꿇는다
다솔사多率寺 적멸보궁 부처님은
세상 편한 자세로 누워
열반에 들기 전이다
실눈을 뜬 것인지 감은 것인지
야릇한 미소만 짓는다
법문을 돌아서는 찰나
허한 마음 눈치 채셨는지
'차茶나 한 잔 들고 가라' 신다
천天 지地 인人
마음心 세 개가
무심無心으로 우려난다
부처님 입김 같은
찻잔 안의 잔잔한 파문波紋

제4부
팽나무 큰어른

새들의 의식

전깃줄 새들이 맥쩍게 비를 맞는다
빗소리 굵어져도 꼼짝없이

비의 운율을 타고
멍 때리며 잠시 모든 걸 잊고 싶은 건지
세례 받고 거듭나고 있는 건지
어떤 슬픔을 다 털어내는 건지

비는 내리고 기온은 내려가는데
굴뚝엔 저녁연기 낮게 깔리는데
새들은 맨송맨송 꿈적도 않는다

묵언발원일까
침묵의 저항일까
할 말 많아 말문을 닫았을까

온몸으로 말하는 새들의 언사

〉

새들도 오늘은 둥지를 떠나
허공의 선 하나 지탱하며 젖어보고 싶었을까

바라보는 내가 흠뻑 젖는다

아우슈비츠 양계장

닭똥 냄새를
장미의 향기로 뒤덮어 놓았다
하여,

닭의 날개를
천만송이 장미꽃으로 장식하였다
하여,

클래식 음악을 들려주고
휘황한 조명과 온도를 유지해 준다고
하여,

닭이 행복할 수 있을까?

날 수 있다는 사실을 망각한 채
산란만을 강요당하는
아우슈비츠 양계장

〉

새장 밖의 새가 그리운
우리는 꿈의 포장지로 포장된
학교에서, 가정에서, 직장에서

집단 사육당하는
산청 산골농장 닭장 속의
닭이지 싫어

무화과

꽃 피지 않는다
열매가 꽃이라 말하지 말아라
속으로 피는 꽃
보이지 않게 피는 꽃도 있다

보이지 않는 사람에게 보려고 하지 않는 사람에게
꽃이 핀들 무슨 소용이겠는가

누구나 다 볼 수 있는 그런 꽃 말고
속 깊은 곳 살며시 열어
그대 안에서 옹기종기 돌기로 피어나는 꽃

네 안에 꽃 피려고 오래 오래
햇살의 문장과 바람의 말을 읽는

보이지 않아도 보석처럼 빛나는
안으로만 피는 꽃이 있다

봄의 힘

봄 바다는 해변에서 해산을 한다 풀가사리 한 무더기 갯바위에서 산후조리 한다 성난 발톱이 빠진 바람에 삐거덕 삐거덕 입덧하는 고깃배들 소리, 냉이꽃 그 간지러운 미소로 풀린 땅을 밀어 올린다 하얀 비단 풀어 놓은 목련처럼 가슴이 부푼다

통금되었던 것들이 풀리는 봄
풀리니까 풀이 돋는다
봄의 무게 중심은 풀리는 것이고
그게 바로 봄의 힘이다

얼어붙은 겨울 통증도 묶여 있던 가슴도 해금 되는 것은
봄의 뿌리가 몸에 내리기 때문이다
몸이 근질근질 숨을 트기 때문이다

봄이 오고 가는 길

섬진강 둑길을 걷다 보면
봄꽃이 두 줄 지어 온다

매화꽃 산수유꽃 복숭아꽃 살구꽃 목련꽃 벚꽃 진달래꽃 개나리꽃, 하늘로 피는 꽃
복수초 바람꽃 노루귀 냉이꽃 민들레꽃 개불알꽃 제비꽃 할미꽃 양지꽃 앵초꽃, 땅으로 피는 꽃

꽃들이 피는 밥상에는
봄나물이 줄줄이 온다
쑥 냉이 방풍나물 돈나물 미나리 취나물 쑥부쟁이 머위 두릅 엄나물 고사리, 순서대로

봄을 버무리는 아내의 손끝에서
봄 향기가 푸시락푸시락 밥상 위에 내려앉는다
봄, 식탁이 숨을 쉰다
내 안에 새싹이 돋아 녹색궁궐이 된다

〉

밑에서 온 봄은 위로 피고
먼 데서 온 봄은 몸속으로 들어와
눈에서 입으로 줄줄이 지나간다

손가락 하나 길이만큼 봄이 지나간다

사랑의 씨

감을 먹다 씨 하나 깨문다
절반으로 쪼개지는데
눈이 번쩍 뜨인다

아뿔사! 집 속의 집
접사해 놓은 것 같은
가장 깊숙한 사랑의 호흡법

감나무 한 그루
감로를 떠먹은 듯
하얀 숟가락
태반 속에 새겨놓은 문신이다

누구나 제 숟가락 갖고 태어난다는 사실
오랫동안 잊고 있었다

씨가 먹히는 어미의 말

아가야 다시 봄이다

길이 멀다

네 세상을 걸어라

벽 허물기

벽은 벽이 아니다
초도草圖 섬 우체국
자동도어 문이 스르르 열리자
진한 향이 날아와 온몸에 달라붙는다
석곡란石斛蘭 꽃이
민원실 귀퉁이에 해오라비 새떼처럼 앉아 있다
표정 없는 굳은 얼굴 추씨 이장보다
여객선 터미널 성질머리 여직원보다
더 반갑게 맞는
이달의 고객 친절 왕이다
문을 나설 때도 청원경찰보다 더 곱게
배꼽인사 하며 꽃 웃음 보낸다
벽이 문이 되는 순간
꽃이 전하는 말의 향기로 딛는 발걸음이다
해풍, 바위틈에 마디 세우고
돌부리에 걸린 생채기마다 꽃대 밀어올려
흔들릴 때마다 향기로 벽의 횡간 채워

폐쇄공포증과 광장공포증을 아우르는

너는 분명,

안으로 열고 밖으로 열 줄 안다

접란

휘영청 늘어진 폼이며
날개로 접어올린 촉이며
바람을 타는 여유며
색色으로 여는 부드러운 유혹이며

곧추세운 머리보다
맨발로 기어 갈 줄 아는
위로 뻗는 등등한 기세보다
아래로 허리 숙일 줄 아는

넌출넌출 학춤으로
바닥에 찍은 꼭짓점마다 뿌리 내려
더 폼 나게 알토란같이
한 세상 꽃 피우는 거지

주엽나무

가시 돋친 나무였어
찔리면 심장에 문신이 새겨질 것 같은
무시무시한 침이었지
말하자면 몸의 가시를 지녔다는 것
등지느러미 가시로 허공을 헤엄치는 것
가끔 가시 돋친 말을 하거나
생선 먹으며 가시를 발라낼 때
내 몸 속에 들어 있을 가시를 생각하곤 해
제 몸 찔러 상처를 남기고
상처의 기억이 매듭질 때쯤
고통의 독소마다 생의 질긴 꽃이 피어나는 것
누구나 제 속을 들여다보면 뽑아낼 수 없는
암각화 같은 가시를 지니고 살지
영혼의 면류관 같은 것
가끔은 내 몸에 꽃 대신 가시를 심어
내 자신을 찌르곤 해

겨울, 은행나무의 발묵법

침묵으로 쳐 놓은 필력을 보라
진하게 여리게 저마다의 공간에서
부러진 듯 휘어진 듯 뻗어가는 운치를 보라
근간이 되고 배경이 되는 저 패러다임을 보라
압화로 눌려 있는 화첩이요 하늘이 펼치는 화보다
모든 벽의 문을 닫고 더 높은 문장을 위하여
향기와 상처를 다독이는 겨울 포장법이다
모든 고목 안에는 고독의 집 한 채가 있어
모든 생명의 동안거요 묵언수도 중이시다
나무의 꿈은 겨울이다
한겨울 내내 내공을 쌓으며
한 세상 푸르게 노랗게 다 덮을 때까지
그 잔잔한 손을 뻗어 허공을 부여잡을 겨울나무
단단한 저 맑은 정신을 뼛속까지 채색하고 있다
물들지 않고는 물들 수 없기에
흔들리고 얼면서 그 속을 여미고 다지는
천 년 발묵의 겨울 은행나무,

칼날 같은 영혼의 화법이다
그 눈 달린 섬광이 일필휘지로
겨울나무로 깨어있으라 쓴다

팽나무 큰어른

섬의 하루는 포구에서 문을 연다
문의 열쇠를 갖고 있는 팽나무는
깊숙이 뿌리 내린 실핏줄로
바다의 움직임을 깐깐하게 예보한다
실눈을 틔워 보이기도 하고
작은 이파리 살랑거리기도 하고
햇살에 고슬고슬 말려 놓기도 하면서
어떤 날은 몸을 마구 흔들다가
제 몸을 뒤틀어 가지를 쭉 찢기도 한다
그런 날이면 어김없이
파도가 섬을 꿀꺽꿀꺽 삼킨다
갓 잡아 올린 멍게빛 아이들도
갯벌 닮은 할머니도
헐거워진 그물망 깁는 노부부도
모두 팽나무의 말씀에 귀 기울이는데
팽나무는 넉넉히 품을 내어준다
풍어제 올리고 마을의 대소사 결정할 때도

그 어른의 그늘 아래이다
시장바구니에 담긴 수다가 왁자지껄할 오후에야
뭍을 향해 풀어 두었던 밧줄을
팽팽하게 당겨 묶는다
여자도에는 여자도선船의 항로를 열고 닫는
선장 한 분 포구에 서 있다

벚꽃 번개팅

언덕 벚꽃이 다 져버릴까봐 애 탄다고
벗이, 콩당콩당 번개팅을 전송해왔다

몽울몽울 만개한 꽃송이 만나기 위해
시낭송회원들 벚꽃 아래 모여들었다

팝콘처럼 한껏 부풀어 오르더니
펑 펑 자지러지게 웃음꽃 피었다

겨울 견디지 않고 어찌 꽃이 필 수 있을까
꽃 없이 어찌 봄이 올 수 있을까

혼자 피어 아름다운 꽃도 있지만
어울려 피어 더 아름다운 꽃도 있다

필 때 아름다운 꽃도 있지만
질 때 더 아름다운 꽃도 있다

〉

봄바람에 시의 꽃숭어리 모여 피더니
봄바람에 스스로 시가 된다

꽃 터널 속에서 눈부신
덧없는 기쁨의 길손들
벗이여 꽃이여!
벚꽃엔딩이여!

살균하는 세상
— 가습기 소동 후

눈 뜨자 속옷 차림으로
정수기 냉수 한 컵 마신다
어릴 적엔, 동리마다 있는 샘물
바가지로 퍼 마셔도 배탈 나지 않았지
언제부터 살균한 물 마셨는지

새벽기도 시간 교회 지하예배당
문 열자 공기 청정기
실내 공기 살균한다
언제부터 살균한 바람 마셨는지

허기사,
똥구멍도 닦아주고 말려주는 세상이니
물도 바람도 살균하는 것쯤이랴
오염된 물 삭아 버린 바람도
숲바다로 보내면
자연 되어 돌아올 걸

〉

살균 가습기가
살인 가습기가 되고
역병과 기후변화가 요동치는 시대

오늘 따라
옹달샘 생수 한 종기
솔향기 진한 바람 한 올 그리운 아침,

세상을 리셋하고 싶다

해설

시는 얼마든지 뜨거움의 전말이지 않겠는가

— '체험과 발견 그리고 적용의 시편' 곁에서

정윤천(시인)

1. 꽃과 시

얼마 전의 일이다. 물경 십여 페이지에 달하는 '시론'에 곁들여 자선 시 10편을 골라 달라는 한 잡지사의 청탁서 앞에서 한참이나 곤혹스러웠던 적이 있었다. 평소 시인의 시론 같은 건 길게 늘여 놓아도 '세 줄' 안에 다 담겨야 한다는 입장에서 바라볼 때, 십 페이지 분량의 시론은 마치 국민교육헌장을 금주 안으로 외워야 한다던 어린 날의 숙제처럼이나 골머리를 앓게 했다. 궁여지책. 그동안의 시집들에 놓여있던 자서(自書)들이었거나 '시인의 말'들을 새겨보는 것으로도 일단의 시론이 구성될 수 있을 것 같기는 했다. 그것은 그 말들의 태도가 시집 발간을 눈앞에 둔 당시의 유별난 회오와 함께 시적 감정이자 감각들의 현재가 담긴 세필이었을 거라는 점에서, 살을 붙이고 의미를 부여해 보는 과정을 통해 제법 그럴듯한 시론 하나가 신생될 것도 같았기 때문이다.

나름대로 세간의 관심을 불러 일으켰던, 첫 시집 『바람 평설』에 이어서 두 번째 시집을 엮는 우동식 시인에게도 예의 '시인의 말'은 시집 속의 어느 거류지에 고스란히 좌정하고 있었다. 일차적으로 나는 그의 '시인의 말'을 작금의 그의 시론으로 여겨 보기로 했다.

삼시 세끼의 밥이 시이다
먹고 사는 일
시시때때로 삶이 시 짓는 일이다

좋은 시절 시시한 시절
시공을 초월한
시기적절 시로 밥 짓는 일이다

— 〈시인의 말〉 부분

그의 말(시론)은 매우 단정적이며 정직해 보이기까지 했다. "먹고 사는 일"이 시 짓는 일이라고 한다. 어언 시가 그

에겐 '밥'이자 '숨'이었던 것일까. 무릇 좋은 시에는 견고한 시간의 회오(悔悟)가 와서 담기는 것이기도 했다. 살아내는 일의 생 체험과 시종(始終)이 사라진 재담과 현학의 세태들 앞에 이르러서는, 이는 한편으로 매우 유의미한 발언일 수도 있었다. "삼 시 세끼"와 "시시때때로의 삶" 그리하여 그것이 "시기적절하게 시로 밥 짓는 일" 이라고 천명할 때, 시인 우동식의 시는 스스로의 고독과 구도의 자세를 단정하게 드러내 보인다.

분명,
불꽃이다

겹쳐진 꽃잎들이 책갈피를 펼칠 때
노란 꽃밥들 문장으로 타고 있다

꿀벌 한 마리
그 불꽃 주위 몇 바퀴 탑돌이하고
잉걸불 속에 내려앉아 공손이 머리를 조아린다
가장 은밀한 곳에 꿀이 있기에
곁눈질의 더듬이로
정밀 용접 하듯, 점자를 짚어가듯 깊은 행간을 탐독한다
온몸 불씨를 뒤집어쓰고
한 문장 넘기고는

땀 훔칠 새도 없이
또 다른 장문長文 속으로 뛰어든다

용접봉 하나 들고
겁화의 불씨로 스스로 생을 태우며
전국을 누비시며 가난을 땜질하시던 아버지
두 눈에 섰던 핏발처럼,

한 끼의 거룩한 밥을 탁발하기 위하여
작약꽃 경전 읽으며
무릎 꿇고 연신 절하는
일벌 한 마리

삶의 뒤편은 언제나 저렇듯 뜨겁다

—「작약꽃 경전」 전문

먼저 인용시를 통해 그가 천착하려는 시의 기척은 "뜨겁다"임을 살필 수 있었는데, "불꽃" "꽃밥" "용접공 아버지" "탁발" "꿀벌" 등등의 보조적 지위의 어휘들이 시위를 떠난 화살촉들처럼 "작약꽃"의 붉음을 향해 혼재하면서 투신하는 스크린을 펼친다. 이는 물론 "뜨겁다"를 향해 다가가는 올곧은 지향의 정신들이다. 그리고 마침내 그가 이룩했거나 도착한 지점에 한 권의 경서임에 분명한 "작약꽃 경전"

이 현현하여 있다. 그것은 그의 시의 원문대로라면 "꽃밥"의 "문장"이자 "장문(長文)"이다.

한편으로 이 시의 위기는 "용접공 아버지"를 차용해 낸 경계의 확장으로 극복되었다는 점을 간과할 수 없을 것이다. 어딘지 낯설지 않아 보이는 전개 형식의 고루함이, 소위 희미한 유사성을 내포한 용접공 아버지를 불러옴으로써 시적 환기이거나 양상의 접목에 관한 장면을 배려해 주었다.

우동식 시인의 시집에서 첫 시를 읽어내는 마음에 뜨거움과 차가움이 병렬하는 가운데, 그럼에도 결구에 이르러 자리 잡은 한 줄 언술의 명쾌함은 명문의 반열이지 않겠는가. "삶의 뒤편은 언제나 저렇듯 뜨겁다"라고 말할 수 있는 깨우침이 그것이다

너는, 미래산 4부 능선
바다를 비추는 꽃별로 내려앉은 거야
파도를 슬쩍 끌어당겨
지구의 무게 중심을 가슴 쪽으로 옮기는 거야
생각의 깊이, 마음의 넓이가
하나씩 하나씩 옮겨가는 거야
지구의 심장에 꽃물이 드는 거지

그러다 어느 순간,

그 중심이 붉게 타는 거야
전신 화상花像을 입은 거지
꽃 한 송이 피었다 지는데
우주의 불이 켜졌다 꺼진 거지
그 이후 내 안에
별 하나로 박혀 샛별로 빛났지

—「하늘말라리아」 전문

첫 행에 가로 놓인 "너는, 마래산 4부 능선"에서 잠시 지체하여 보았다. 경치를 이르는 한자어인 경(景)자를 경계를 가르키는 지경으로서의 경(經)에 이르게 하는 절차탁마의 고뇌가 시를 행하는 업이라고 일렀던가. 어디선가 그런 글을 읽었던 기억이 돋아났다. 하여 "마래산 4부 능선"은 어쩐지 풍경에 머문 관습같이 여겨지기도 했지만, 돌이켜 보니 우동식 시인은 여수에 사는 사람이거니와 그의 시는 결국 여수의 시였기에, 여수에 위치한 "마래산"이 한 편으로 유의미한 기호일 수도 있어 보였다.

서효인 시인의 시 「여수」는 "사랑하는 여자가 있는 도시를 사랑하게 된 날이 있었다"로 시작해 "무서운 사랑이 시작되었다"로 끝을 맺는다. 서효인은 그 시 속에서 "네 얼굴을 닮아버린 해안은 세계를 통틀어 여기 뿐"이라는 어떤 지경으로서의 장면을 이룩해 놓았다. 제목이었던 여수의 정황이 깊은 천착의 골짜기를 타고 내려와 개화하는 이경(異

境)의 순간으로 독자들을 견인해 주었던 것이다. 우동식의 "마래산 4부 능선"에서도 그의 시의 어떤 도저한 바라봄의 결실이 와서 머물렀다 가게 되기를 바래어 본다.

'하늘말라리아'를 대하는 우동식의 시적 경계 역시 그렇게 녹녹한 세계관은 아니다. 꽃잎이 하늘을 바라본다는 형상에서 붙여졌다는 하늘말라리아는, 우동식의 시에서 "생각의 깊이" "마음의 넓이"를 동반하는 동안 지구의 심장에 드는 꽃물이 되었다. 나리과인 이 꽃의 색깔 역시 붉기는 붉다. 그러던 그의 '나리꽃'은 "우주의 불이 켜졌다 꺼진" 순간을 일으키는가 싶더니, 결국은 자신의 안에 "별 하나로 박혀 샛별로" 빛나는 인지로써 종결되는 유려한 등을 밝혀 놓는데까지 닿아 있다.

마음의 스위치 꺼지고 사는 맛 잃을 때 가끔,
여수 봉산동 게장거리로 간다
간장 졸이는 진한 냄새 게걸음으로 기어 나온다

게딱지에 밥 비벼 게눈 감추듯,
갓 지은 쌀밥에 게간장 넣고 파래김 싸먹는,
양념 잘된 게 발을 한 입 가득 씹는,
입맛 확 당기는 밥도둑 그 개미 진 맛,

게장 백반 한 그릇 후다닥 비우고 골목길 나서면

충전된 자동차처럼 마음의 스위치 켜진다

나도 이제, 마음을 간장에 졸여 짠맛이 들어야지
곤란하면 게걸음으로 슬슬 비켜서야지
눈알 굴리며 흘깃흘깃 눈치도 살필 거야
때론, 품은 새끼들 위해
집게 발가락을 곧추 세우거나
노려보는 눈초리쯤은 단단한 등짝으로 무시해버리며
필사적으로 세상 중심에 뛰어드는 거야

졸여질수록 게장은 맛이 스며드는데
살수록 자꾸 졸아드는 내 삶

—「끌림의 미(味)학 - 게장백반」 전문

주로 꽃 이름들과 자연 친화적인 발상에 기대어 비롯되던 시들 속에서, 우동식 시인의 내면이 기화하는 일인칭의 시 한 편을 대한다. "여수 봉산동" 꽃게장 집에서 이루어진 내면의 풍경이다. 당연시 미학(美學)이라고 지나칠 뻔했던 글씨 한 자는 미(味)라는 글자로 변주되어 있었다. 아름다움에 대한 바라봄이 아니라, "게장"이라는 특정된 음식의 미각에서 출발한 의식이 반영되어 있었음이다. 작지만 알맞게 자리한 언어 추구의 소산을 대한다. "흘깃흘깃 눈치도 살필거야" "때론" "집게 발가락을 곧추 세우거나" 하면서 마침내 그는 '단단히 무장하고 세상으로 뛰어 드는' 결의를 내비치는데, 이는 그 자신의 생활관과 세계관에 관한 역설적 토로의 모습을 추측하게 했다. 당연 게걸음은 정상적인 삶의 태도가 아니었건만, '게딱지'에 밥을 비벼 게눈 감추듯 퍼 넣어 보는 생의 어느 호기에 찬 순간을 혹은 그것에 관한 '끌림'의 속사정 하나를, 알맞게 마련한 시의 질료에게로 비벼 넣어 그럴 듯이 토로하고 있다. 그러나 어찌 참다운 생의 경계가 '게거품'에 휩싸인 '밥도둑'쪽으로의 미혹만일 수 있었겠는가.

저 여인네는
왜 소복(素服)을 반쯤 벗고
속치마 휘날리고 난리야

근데
저 햇살은 왜 자꾸
몸을 더듬고 열을 올리고 지랄이야

저 바람은
왜 또 하얀 저고리
치켜들어 올리고 자빠졌나

발칙한,

바람 난 봄이
미쳤나

나는 왜 또
몸이 근질근질 지랄염병이야

거룩해서 슬픈
천형(天刑)이야!

—「백목련」 전문

한편으로는 그의 시심이 여기까지 와 있다. 형식이 자유롭거나 내용이 "근질근질 지랄염병"하는 시들은, 천신만고를 지나서 온다. 태산준령을 넘어서 오는 것이다. 더러는 눈보라를 휘날리며 오고, 다시금 그것들은 비육지탄의 참회 속에서 거듭나는 것들이었다. 우동식 시인의 시들 속에서도 일정하게 거느려진 선과 면에 대한 극복은, 상당부분 형식의 '경직'이거나 답습에서 찾아볼 수 있었는데,「백목련」에 부려진 넉살과 틈(사이)의 개진에도 그의 시가 한 걸음 나아갔으면 하는 마음이 들었다.

여기까지 우동식 시인의 시집에 소환된 그의 시들의 길목 하나를 거칠게나마 소요하여 본 셈이다.

2. 섬과 시

구름의 유혹 달통하게 뚫고
달뜬 발걸음으로 달려온 슈퍼문

달의 눈빛이 얼마나 호수에 달라붙었을까
달의 속살을 화석처럼 새겨놓은

홍조紅潮 빛으로 출렁이는 호수의 심장
몽롱해진 달빛 오르가즘

그믐에서 보름까지 달이 차오르며
스스로 깊어지는 섬을 월호도月湖島라 해

그 섬 달동네 담장 밑 달맞이꽃이 필 때쯤
마을 사람들은 달집 짓고 달을 등기 이전해 오려는데

달(月)과 호수(湖)는 놓아두고도 잘 살고 있다고
달빛 물빛 숨 가쁘게 풀었어

스캔들로 이루어지는 우주

영월정迎月亭 포구 앞에서 달 빚는 나는,

달빛이 나르시어 월인천강지곡을 목도했어

—「달빛 스캔들」 전문

월호리에 있다는 섬의 이름 월호(月湖)에 비추어서 이루어낸 진술의 너비는, 그렇게 고울 것도 미울 것도 없어 보이는 잔잔한 풍정의 순간을 확보하며 있었다. 하지만 "영월정 포구 앞에서 달 빛는 나"의 각성이 "월인천강지곡"을 "목도"하는 나로 승화되는 지점에서, 이 시는 자신의 헤아림 하나를 발성하는 서정의 바탕을 획득한다. "달의 눈빛"이 "호수"에 달라붙어 "달의 속살" 을 참견하는 인근에서 호수의 심장은 일렁이며, "몽롱해진 달빛 오르가즘"이 유추되며 존재한다. 그의 '섬'이 단순한 풍경의 섬이 아닌 이유가 어쩌면 여기에 있을 것도 같다.

…(전략)… 마당이 대문인 집을 나서면/유선乳腺처럼 모여드는 바람의 우물//…(중략)… 물이 빠지면 앞서거니 뒤서거니/물의 띠를 두르고 갯것 하는 사람들//물이 빠진 만큼 다가서고/물이 차면 한 발 물러서는/바람이 만드는 파도의 발자국들//사방이 안이고 사방이 밖인 섬의 울타리/모든 길의 시작이고 끝이다//돌고 돌아 결국 한 뿌리 한 줄기로 엮인/바다가 낳고 바람이 키운/물기 파닥이는 한 문장의 가족사다

—「섬의 내력」 부분

또 이렇게, 우동식의 '섬'이 액면 그대로인 섬의 생태계로 드러나 보일 때도 "사방이 안이고 사방이 밖인 섬의 울타리"라는 헤아림의 자세와 응시가 육화된 언질로 동반되어 있는데, "물기 파닥이는 한 문장의 가족사"의 기록이야말로, 현재 우동식 시인이 건너가고 싶어하는 시의 수위는 아닐까.

결국 닿는 곳이 길이다
사람이 길을 찾지만
길은 사람에게로 나 있다
한 번도 닿지 못한
너에게로 가는 길
거품같이 사라지는 바닷길도 있고
풍장風葬 속으로 사라지는 바람의 길도 있다
신선대 절벽 위
벼랑길 한발 내려서면
그대에게 닿을 것만 같은데
길이 끝났다고
돌아서는 길 끝에 다시 길이 보인다
외딴 섬에도 길은 있고
섬과 섬 사이에도 길이 있다
걷고 또 걷다보면

결국, 길 없는 그곳이 길이 된다
지구의 한 점 모퉁이에서
일생을 걸어 모든 길은
항상 너에게로 통通한다.

—「나에게로 가는 길-금오도 비렁길」 전문

마침내 우동식의 '섬'에 관한 천착은 "너에게로 통한다"는 길의 해독에서 완성되었다. "길이 끝났다고/돌아서는 길 끝에 다시 길이 보인다"고 그가 이를 때, 불현듯이 이 시구의 정수리 위로는 삶이며 생이며 그 이전투구들의 저간에 얽힌 조이고 풀림을 간직한 유장한 강물 같은 것들을 흘러가도록 해주었다. 단절하고 그러나 다시금 연속하는 사람살이의 내계(內界)의 원리는 "외딴 섬에도 길은 있"으며 "섬과 섬 사이에도 길이 있"음을 알게 하는 바라봄 속에서 자리한다.

"일생을 걸어 모든 길은" 사실은 어떤 길도 "너에게로 가는 길"이었다. 그것은 "신선대 절벽" 위에서 한 발만 내려서면 이루어질 것 같은 욕망의 잠시간을 떠올려야 할 때도 있지만, "사람이 길을 찾지만" 알고 보니 "길"이 사람에게로 나 있는 것이었더란다.

시인 우동식은 그렇게 현실의 지근거리에서 상존해온 "금오도 비렁길" 위에서, 자신이 이후로도 영원히 걸어가야 할 시의 길이자 인간의 길을 목도하는 중이다. 섬을 찾아

유랑하는 그의 시의 여로가 또 그렇게 "너에게로 가는 길" 이었던 것 같다.

섬과 더불어 나타난 일부의 사찰 시들과 불교적 세계관 역시 시인 우동식을 살피는 중요한 부분을 차지하고 있는데, 송광사에 전해 내려오는 비사리 나무로 만들어진 '구시'를 시화한 「비사리구시」에서는, "견성이라는 것도 결국은/ 영혼의 밥통을 채우는 일"이라고 말한다. 일견 무대뽀 같이 여겨지기도 하는 그의 명료한 진술들 속에는, 무대뽀 같은 게 아니라 실제로 무대뽀의 뚝심들이 출몰하고는 했다.

저기,
서 계신 분이
부처님 아니신가
둘러선 금강적송들이
다 불자들 아닌가
설법 듣느라 야단법석이네
허물 벗어 적신으로 성불이네

저기,
연못 안에 계신 분도
부처님 아니신가
어리연들이 다 신도들 아닌가
그림자로도 저 많은 꽃을 피우시네

여기가 사부대중 불국佛國일세

저기,
서 있는 사람들도 다 부처 아닌가
부처의 그림자가 걷고 있네
그림자가 그림자를 만드네
사는 게 다 빛과 그림자일세

—「불영사佛影寺」 전문

"사는 게 다 빛과 그림자"더라는 자탄이며 회오 같은 거 말고, 염치이거나 인정 같은 것들 말고, 그 얼마나 별다른 명제이거나 호명(금강 적송, 연꽃, 서 있는 사람들)이, "부처"이며 "성불"이었겠느냐는 토로와 발설이 또한 그의 '섬'과 '불 국토'를 향한 견성의 순간이었음을 짐작할 수 있다.

3. 그리고 시

무릇 시를 쓴다는 행위와 시를 읽어내는 마음은 도대체 무슨 의미이자 격절의 견딤일 수 있을까. 그것은 문턱이 자리한 방문 앞에서 일단의 지체와 기다림을 통해 방 안의 풍습을 잠시나마 헤아려 볼 수 있었던 일처럼, 시와 시 읽기의 저간들 역시 세간의 격절들 앞으로 몸을 낮추고 서서,

너와 나 그리고 우리의 계절이었거나 바람과 기억들, 마침내 불우의 속내들마저 헤아려 보려 했던 견고한 의지에의 측면들이리라.

거칠게 일별하고 온 우동식 시집의 시들, 그러고도 그에게는 아직 '그리고 시'라 불러주어야 할 나름대로의 견성의 시들이 남아 있다.

중요한 일을 앞두고 틈틈이
이발하는 습관이 있다

그 순간,
삐죽삐죽한 생각들이 싹둑싹둑 잘려진다
거칠거칠한 삶의 파편들 부드럽게 면도 된다
거울에 비친 나를 마주하며
처음과 나중 일 사이 틈새를 엿보는 것이다

내 일이 아닌 것처럼 지그시 눈을 감고
멀찌감치 바라보면
멀리 보이는 것들이 더 가까이 보일 때가 있다

영상 속 한 장면을 끄집어내 훔쳐보면서
화상畵像이 용의 미간에 점 하나 찍을 때가 있다

틈새로 틈새를 메꾸기 위해 이발소로 간다

—「틈새를 엿보다」 전문

"중요한 일을 앞두고/틈틈이 이발하는 습관이 있다" 별로 중요해 보이지 않는 발설이다. 누구에게나 약간의 '이발 의식'은 있으므로, 시적 환기이거나 궁금증의 유발은 "거울에 비친 나를 마주보며/처음과 나중 일 사이 틈새를 엿보는 것이다"라는 소치에서 부터이리라. 하필이면 이발소에 앉아 "틈새"를 엿보는 우동식의 자세는 무엇을 뜻하는 것일까. 알고 보니 눈을 감고 이발소 거울 속으로 얼비치는 "끊어진 영상"을 만지작거려 보는 경우였던 것이다. 일견 화룡점정을 꿈꾸어도 본다는, "틈새를 엿보다"는 그렇게 이루어진 이 시의 여정이다.

어쩐지 "영상 속 한 장면을 끄집어내 훔쳐보는" 일이 그에겐 다름 아닌 시를 엿보는 행위 일 수도 있겠다. 그는 그렇게 오늘도 "틈새로 틈새를 메꾸기 위해 이발소로" 가는 중이며, 그의 시들이 또한 그의 끊어진 영상과 틈새 사이에서 "삐쭉삐쭉" 자라는 머리칼과 같은 것이었을 수도 있다. 사실은 본인도 미처 의식하지 못했을지 모르는, 시적 리비도의 행간 속에서 그가 추출해 낸 무의식의 시편이었던 셈이다.

뒷물이 앞에 물을 읽고 쓰며/물이 물을 지탱하며 흐른

다//살점이 찢기고 뼈가 으스러져도/서로를 치료하며 서로에게 스며든다//흙탕물이 섞일지라도 조용히 맑아지며/숱한 지류支流 품는 거대한 물의 공화국이다//물렁물렁하다고/물 탄 듯 물러 터졌다고 함부로 말하지 마라//물이 어깨동무하면 그 단단함 이길 것이 없다/기어이 가야 할 길이면 아무도 막아설 수 없다//물론(水論),/인내의 임계점에 이르기까지는/밟히고 채이고 깨지면서 견디는 것이다//흘러가는 것을 흘러가게 두어라/흐르는 것들은 어디에서든 모인다/물의 체질이 모이고 있다/물의 근육질이 서로를 껴안고 있다/곧 쓸어버릴 세상을 향해 돌진할 것이다

—「물(水)론」 전문

어쩌면 지금 우리는 "물이 어깨동무하면 그 단단함 이길 것이 없다"는 타산지석의 교훈을 절감하는 미증유의 시간을 살아내는 중인지도 모른다. 코로나19의 고요한 스며듦은 흡사 '물'과 닮았다. 물론 코로나와 관계없이 그 이전에 쓰여 졌을지도 모를 우동식의 「물(水)론」에는 '흘러가는것을 흘러가게 두어라/물이 모이고 있다/물이 서로를 껴안고 있다'는 선험적인 경구의 시구가 자리하고 있다. 그는 그렇게 "곧 쓸어버릴 세상을 향해 돌진"하리라는 사실을 예감하며 있었던 것이다. 시 속에서의 이런 위기 의식은, 이 시가 또한 그의 '틈새 엿보기'의 깨달음의 과정에서 기인한 것이

라치면, 우동식의 시적 경계는 대 사회적인 메시지의 차원에도 이미 눈을 뜨고 있었던 것으로 여겨진다.

어쩌면 그의 시의 노정에서 '그리고 시'의 나아갈 길이 여기에도 있어야만 할 책무였을 것이다.

> 아직은 얻어야 하고 아직은 잃어야 하고/아직은 이루어야 하고 아직은 가야 하고/아직은 해야 할 일이다//이미와 아직 사이/환상과 실제 사이를 걷고 있는/나는/그래서/늘, 불안하고/늘, 기대되고/늘, 새롭다
>
> —「직립의 이유」 부분

고 말한다. 그러고 보니 그의 시작 행위는 "머리는 하늘에 발은 땅에 두고/직립하는 이유"였을 것도 같다.

> 섬의 하루는 포구에서 문을 연다
> 문의 열쇠를 갖고 있는 팽나무는
> 깊숙이 뿌리 내린 실핏줄로
> 바다의 움직임을 깐깐하게 예보한다
> 실눈을 틔워 보이기도 하고
> 작은 이파리 살랑거리기도 하고
> 햇살에 고슬고슬 말려 놓기도 하면서
> 어떤 날은 몸을 마구 흔들다가
> 제 몸을 뒤틀어 가지를 쭉 찢기도 한다

그런 날이면 어김없이
파도가 섬을 꿀꺽꿀꺽 삼킨다
갓 잡아 올린 멍게빛 아이들도
갯벌 닮은 할머니도
헐거워진 그물망 깁는 노부부도
모두 팽나무의 말씀에 귀 기울이는데
팽나무는 넉넉히 품을 내어준다
풍어제 올리고 마을의 대소사 결정할 때도
그 어른의 그늘 아래이다
시장바구니에 담긴 수다가 왁자지껄할 오후에야
뭍을 향해 풀어 두었던 밧줄을
팽팽하게 당겨 묶는다
여자도에는 여자도선船의 항로를 열고 닫는
선장 한 분 포구에 서 있다

—「팽나무 큰어른」 전문

이 시는 우동식의 많은 작품들 중에서 한 편의 도타운 서정시로서 늠름한 골계미를 갖추고 우뚝 서 있다. 그의 시들을 태운 배의 '선장'처럼. "갓 잡아 올린 멍게빛 아이들도/갯벌 닮은 할머니도/헐거워진 그물망 깁는 노부부도" 마침내 "마을의 대소사 결정" 해야만 하는 때에도, "팽나무 큰어른"의 그늘 아래로 모인다는 순결한 바라봄의 시간이 여기에 있다. 우리가 영위하는 세간의 오늘 속에서도 우리가 이룩해야만 될 시대의 '문'을 열어주는 '열쇠'를 간직하고 있는 "팽나무 큰어른"이 그리워지는 시절이 아닌가.

마을 앞에 자리한 한 그루 "팽나무"의 위의(威儀)에 눈길이 가서 맺힌 그의 시안이며 시심에게로 박수라도 한 차례 쳐주고 싶은 마음이 생겨난다.

감을 먹다 씨 하나 깨문다
절반으로 쪼개지는데
눈이 번쩍 뜨인다

아뿔사! 집 속의 집
접사해 놓은 것 같은
가장 깊숙한 사랑의 호흡법

감나무 한 그루
감로를 떠먹은 듯
하얀 숟가락
태반 속에 새겨놓은 문신이다

누구나 제 숟가락 갖고 태어난다는 사실
오랫동안 잊고 있었다

씨가 먹히는 어미의 말

아가야 다시 봄이다
길이 멀다
네 세상을 걸어라

—「사랑의 씨」 전문

우동식의 시집 속에 위치한 그의 시들의 자세와 눈빛들을 따라나서 보다가 「사랑의 씨」를 대한다. "집 속의 집" 감씨 속에 박혀 있었던 태아 형상의 씨앗나무에게로, 우동식은 "집 속의 집"을 복원해 놓았다. 한편으론 아름다운 건축물이다. "깊숙한 사랑의 호흡법"안에 숨어 있던 "아가의 봄"은 그가 희원하려는 신생에의 계절이다.

이렇게 "숟가락" 같은 위치를 지닌 우동식의 시 세계가 또한 그의 '꽃'과 '섬' 그러고도 여전히 남아있는 '그리고 시'의 경계들을 향하여 "네 세상을 걸어라"는 뜨거운 주문 하나를 건네기로 한다.

끝으로 이 시집의 표제 시에 해당하는 「겨울, 은행나무의 발묵법」을 따로 떼어서 살펴보는 것으로 졸고를 마칠까 한다.

침묵으로 쳐 놓은 필력을 보라
진하게 여리게 저마다의 공간에서
부러진 듯 휘어진 듯 뻗어가는 운치를 보라
근간이 되고 배경이 되는 저 패러다임을 보라

압화로 눌려 있는 화첩이요 하늘이 펼치는 화보다
모든 벽의 문을 닫고 더 높은 문장을 위하여
향기와 상처를 다독이는 겨울 포장법이다
모든 고목 안에는 고독의 집 한 채가 있어
모든 생명의 동안거요 묵언수도 중이시다
나무의 꿈은 겨울이다
한겨울 내내 내공을 쌓으며
한 세상 푸르게 노랗게 다 덮을 때까지
그 잔잔한 손을 뻗어 허공을 부여잡을 겨울나무
단단한 저 맑은 정신을 뼛속까지 채색하고 있다
물들지 않고는 물들 수 없기에
흔들리고 얼면서 그 속을 여미고 다지는
천 년 발묵의 겨울 은행나무,
칼날 같은 영혼의 화법이다
그 눈 달린 섬광이 일필휘지로
겨울나무로 깨어있으라 쓴다

—「겨울, 은행나무의 발묵법」 전문

"나무의 꿈은 겨울이다" 그의 시의 최고의 미인(?) 탄생 순간을 여기에서 본다. 허를 찌르듯 밀고 들어오는 회화(會話)와 유추를 동반하는 시구 하나는, 수많은 시인들의 시들 속에서도 그 시를 세우는 격조일 때가 많다. 아무도 생각하지 않거나 못하는 바라봄 까지가 시의 눈길이어야

하기 때문이다. 나무의 "꿈"이 겨울이라는 사실을 그를 통해 듣는다.

한편, 우동식 특유의 발묵 과정의 하나는 '체험과 발견 그리고 적용'의 단계적 전개방식임을 엿볼 수 있다. 사소하거나 주변적인 것의 살핌과 긍지. 그것들의 노래가 그의 시의 습속이자 발묵인 셈이다. 앞서 「직립의 이유」에서도 한 차례 밝혔듯이 "이미와 아직" 사이를 걷고 있는 그의 시의 노정은 「겨울, 은행나무의 발묵법」에 이르러 "흔들리고 얼면서 그 속을 여미고 다지"며 "겨울나무로 깨어" 있고 싶어 한다. 그의 "발묵"의 끝에서, 붉디붉은 "경전"으로서의 시들이 "꽃잎"들로 환하게 피어나기를 축원하기로 한다.

애 지 시 선

002 붉디 붉은 호랑이 장석주 시집
003 붉은 사하라 김수우 시집
004 자전거 도둑 신현정 시집
005 정비공장 장미꽃 엄재국 시집
006 기차를 놓치다 손세실리아 시집
007 바람의 목례 김수열 시집
008 그리운 연어 박이화 시집
009 뜨거운 발 함순례 시집
010 정오의 순례 이기철 시집
011 그 남자의 손 정낙추 시집
012 즐거운 세탁 박영희 시집
013 구룡포로 간다 권선희 시집
014 좋은 날에 우는 사람 조재도 시집
015 여수의 잠 김열 시집
016 축제 김해자 시집
017 뜻밖에 박제영 시집
018 꽃들이 딸꾹 신정민 시집
019 안개부족 박미라 시집
020 아배 생각 안상학 시집
021 검은 꽃밭 윤은경 시집
022 숲에 들다 박두규 시집
023 물가죽 북 문신 시집
024 마늘 촛불 복효근 시집
025 어처구니 사랑 조동례 시집
026 소주 한 잔 차승호 시집
027 기찬 날 표성배 시집
028 물집 정군칠 시집
029 간절한 문장 서영식 시집
030 고장 난 아침 박남희 시집
031 하루만 더 고증식 시집
032 몸꽃 이종암 시집
033 허공에 지은 집 권정우 시집
034 수작 김나영 시집
035 나는 열 개의 눈동자를 가졌다 손병걸 시집
036 별을 의심하다 오인태 시집
037 생강 발가락 권덕하 시집
038 피의 고현학 이민호 시집
039 사람의 무늬 박일만 시집
040 기울어짐에 대하여 문숙 시집
041 노끈 이성목 시집
042 지독한 초록 권자미 시집
043 비데의 꿈은 분수다 정덕재 시집
044 글러브 중독자 마경덕 시집
045 허공의 깊이 한양명 시집
046 둥근 진동 조성국 시집
047 푸른 징조 김길녀 시집